**이은경쌤의 초등 글쓰기 완성 시리즈**

구분	1학년	2학년	3학년	4학년	5학년	6학년	중1
글쓰기 습관			Best! 세줄쓰기 초등 글쓰기의 시작				
	전래동화 바꿔쓰기						
			주제 일기쓰기				
독서 습관	기본 책읽고쓰기						
			심화 책읽고쓰기				
글쓰기 심화	표현글쓰기						
			자유글쓰기				
						생각글쓰기	
논술 대비	왜냐하면 글쓰기						
			기본 교과서논술				
			논술 쓰기				
					심화 교과서논술		
평가 대비			기본 주제 요약하기*				
					심화 주제 요약하기*		
					수행평가 글쓰기*		
영어 글쓰기	영어 한줄쓰기						
			영어 세줄쓰기*				
					영어 일기쓰기*		

별표(*) 표시한 도서는 출간 예정입니다.

 **이은경쌤의 초등 글쓰기 완성 시리즈 교재 선택 가이드**

- 앞장의 가이드맵을 보면서 권장 학년에 맞추거나 목적에 따라 선택하세요.
- 〈책읽고쓰기〉〈교과서논술〉〈주제 요약하기〉처럼 기본편과 심화편으로 구성된 경우에는 기본편과 심화편을 둘 다 해도 되고, 권장 학년에 맞추어 둘 중 하나만 골라서 해도 돼요.

몇 학년이든 모든 글쓰기는 〈세줄쓰기〉로 시작해요

글쓰기 습관이 필요하다면?
〈전래동화 바꿔쓰기〉
〈주제 일기쓰기〉

독서 습관이 필요하다면?
〈 기본 책읽고쓰기〉
〈 심화 책읽고쓰기〉

글쓰기 습관과 독서 습관을 모두 갖추었다면?
〈표현글쓰기〉〈왜냐하면 글쓰기〉〈자유글쓰기〉〈생각글쓰기〉

이제 논술과 수행평가를 대비할 차례! 무엇부터 해야 할까요?

논술을 대비하고 싶다면?
〈 기본 교과서논술〉
〈 심화 교과서논술〉
〈논술 쓰기〉

수행평가를 대비하고 싶다면?
〈 기본 주제 요약하기〉*
〈 심화 주제 요약하기〉*
〈수행평가 글쓰기〉*

영어도 대비하고 싶다면? 〈영어 한줄쓰기〉〈영어 세줄쓰기〉* 〈영어 일기쓰기〉*

별표(*) 표시한 도서는 출간 예정입니다.

이은경쌤의
초등 글쓰기 완성 시리즈

심화 3-5학년 권장

책읽고쓰기

읽은 내용을 글로 표현하며 문장력을 키워요

이은경쌤의
초등 글쓰기 완성 시리즈

심화 3-5학년 권장

책읽고쓰기

읽은 내용을 글로 표현하며 문장력을 키워요

이은경 지음

상상아카데미

시작하기 전에	06
독서 감상문을 쓰면 생기는 세 가지 힘	08
우리, 약속할까?	10
나만의 물음표를 만들어 봐!	11
독서 감상문 미션, 5단계 작전	12
차곡차곡 다 읽었어요!	14
책 읽고 이렇게 써 봐!	16
순한맛 미션 25	18
매운맛 미션 25	70

시작하기 전에

안녕!

나는 오늘부터 너와 매일 즐거운 책 읽기를 시작할 이은경 선생님이라고 해. 내가 어떻게 생겼는지, 어떤 사람인지 궁금할 수 있으니 내 사진을 보여 줄게.

나는 네가 누구인지 정말 많이 궁금해.
우리는 이제 함께 읽을 거니까
서로를 '읽는 사람'으로 부르자.
나는 **읽는 사람** 이은경이야.

안녕하세요,

저는 책 **읽는 사람** _____ 입니다.

_____ 살 때부터 지금까지 책을 읽었어요.

가장 최근에 읽은 건 _____ 예요.

하루 중 _____ 할 때, _____ 할 때,

_____ 할 때 주로 책을 읽고,

못 읽거나 조금 읽는 날도 많아요.

지금껏 가장 재미있게 읽은 책의 제목은

_____ 예요.

이 책 한 번 꼭 읽어 보세요. 정말 재미있어요!

오늘부터는 읽은 책에 관해 하나씩 적어 볼 거예요.

이 노트는 제 평생의 엄청난 재산이 되겠죠?

알려 주어서 고마워, 반갑다.

우리, 열심히 읽자.

그리고 열심히 읽은 걸 기록하자.

독서 감상문을 쓰면 생기는 세 가지 힘

책 읽기도 힘든데, 독서 감상문까지 쓰라고? 아, 정말 귀찮은데 말이야. 하지만 귀찮음을 참고 독서 감상문을 꾸준히 쓴다면 어떤 점이 유익한지 한 번 생각해 보자.

어떻게 해야 멋진 사람이 될까?

선생님이 초등학생 친구들과 대화하면서 느낀 게 있어. 가장 크게 느낀 건 많은 초등생들이 멋진 사람이 되고 싶어 한다는 거야. 바람의 크기가 각자 조금씩 다를 뿐, 이런 마음은 누구에게나 있더라고.

지금 너희들에게도 그런 마음이 있다면 기억해야 할 중요한 사실이 하나 있어. 멋진 사람이 되기 위해서는 우선 생각을 많이 해야 한다는 거야. 그리고 생각을 많이 하기 위해서는 책을 읽고 나서 생각을 정리하는 게 효과적이지. 읽은 책을 다시 한 번 생각하면서 정리하는 습관이 생기면, 너는 더 깊은 생각을 하게 될 거야. 그럼 자연스럽게 지혜로워질 수밖에!

그럼, 독서 감상문을 쓰면 생기는 세 가지 힘은 무엇인지 알아 볼까?

 ## 요약하는 힘

    책의 내용을 제대로 기억하고 이해했다면, 전체 내용 중 중요한 내용만 쏙쏙 골라서 요약할 수 있게 돼. 요약은 어느 과목을 공부하던지 정말 중요한 과정이야.

 ## 생각하는 힘

    독서 감상문을 쓰려면 어려운 책이라도 읽은 내용을 천천히 되씹어보는 습관을 들이는 게 좋아. 이렇게 하다 보면 생각하는 힘이 자연스럽게 강해질 거야.

 ## 쓰는 힘

    내가 발견한 책의 의미와 감동을 다른 사람에게도 잘 전달하려면, 논리 정연하게 써야 해. 논리 정연하게 쓰려고 자꾸 애쓰다 보면, 쓰는 힘이 길러질 거야!

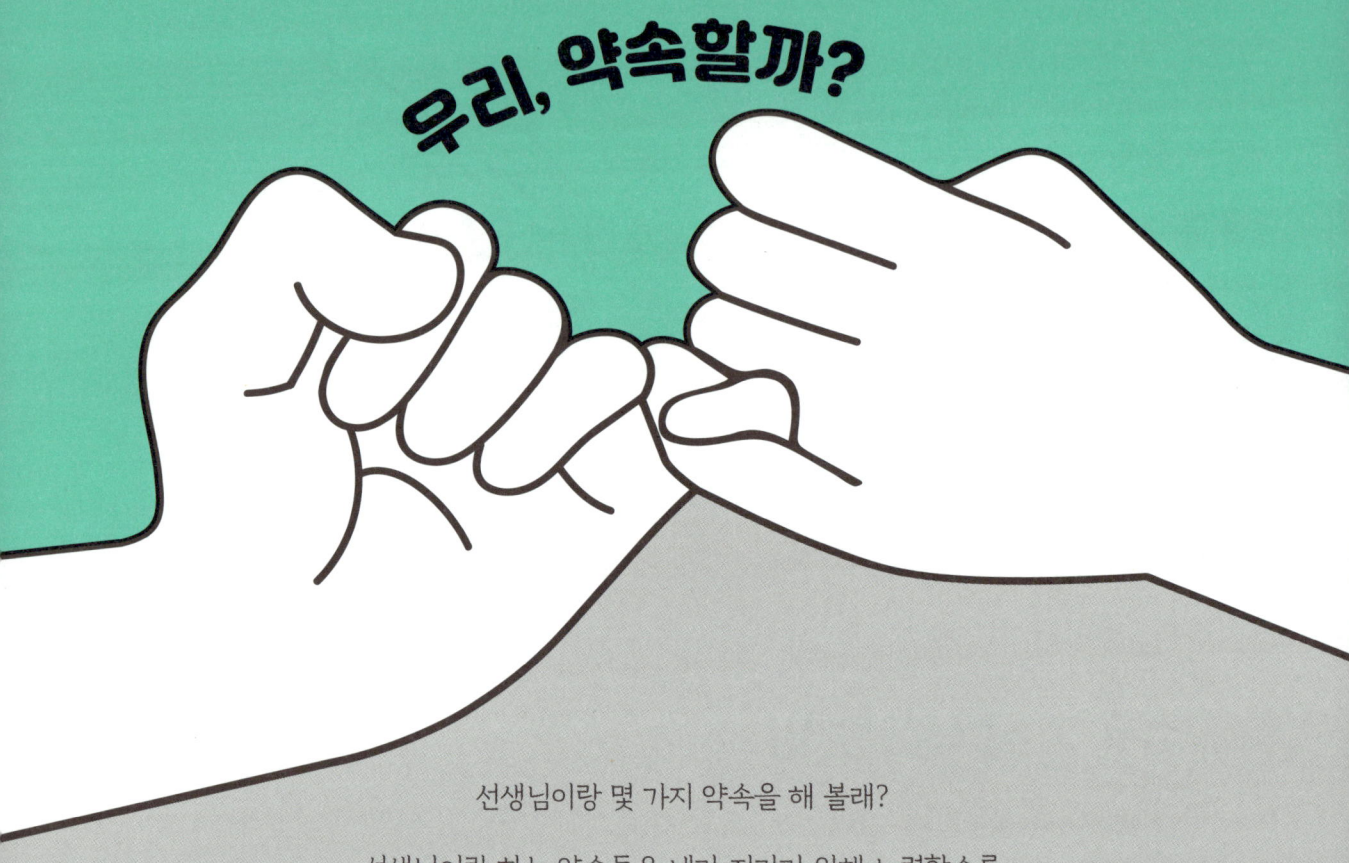

우리, 약속할까?

선생님이랑 몇 가지 약속을 해 볼래?

선생님이랑 하는 약속들은 네가 지키기 위해 노력할수록

더 멋진 사람이 되는 신통한 것들이야.

그리고 다행히도 그다지 지키기 어려운 약속은 아니지.

1. 나는 매일 조금이라도 읽는 사람이 되겠습니다.

2. 내용에 집중하기 어려울 때는 딱 5분만 소리 내어 읽어 보겠습니다.

3. 책을 읽고 나서는 책의 제목과 읽은 날짜를 기록하겠습니다.

4. 책을 읽은 내 느낌과 생각을 간단하게 기록하겠습니다.

5. 책을 읽으면서 '나만의 물음표'를 계속 만들어 보겠습니다.

'나만의 물음표'가 뭔지 궁금하지? 알아보러 출발!

나만의 물음표를 만들어 봐!

책에 푹 빠져들어 읽다 보면
어느 순간 '나만의 물음표'가 하나씩 생기기 시작할 거야.
'나만의 물음표'는 읽으면서 자연스레 드는
생각, 궁금증, 호기심, 상상 등을 의미하는데, 아주 재미있는 친구야.
책을 읽을수록 나만의 물음표는 점점 더 많아지고,
책 읽기는 더 즐거워지고, 생각하는 힘은 점점 더 단단해질 거야.
이제, 나만의 물음표를 만들어 볼까?

책 제목은 왜 이렇게 지은 걸까?

책에서 가장 흥미로운 사건은 어떤 거야?

이 책을 내 친구들도 좋아할까?

책에서 가장 마음에 들지 않는 사건은 어떤 거야?

작가는 왜 이런 책을 쓴 걸까?

독서 감상문 미션 5단계 작전

독서 감상문은 읽은 책에 관한 나만의 느낌과 생각을 논리적이고 비판적으로 정리한 글이야. 어려워 보이지? 걱정하지 마. 우리만의 5단계 작전이라면 충분히 가능하니까!

3단계 - 책 내용을 떠올리기

책 제목, 지은이, 읽은 날짜, 책 속 한 문장, 한 줄 느낌 등을 적으면서 책의 내용을 떠올려 봐.

2단계 - 책과 어울리는 미션 고르기

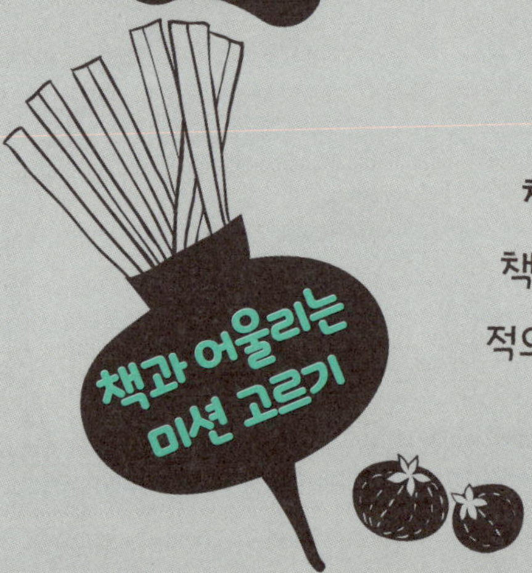

미션을 고를때, 꼭 이 책에 나온 순서대로 하지 않아도 괜찮아. 오늘 읽은 책과 가장 어울릴 만한 미션을 골라 봐.

1단계 - 책 읽기

읽으면서 중요하다고 생각되는 부분에 표시하거나 떠오르는 생각, 느낌, 감동, 궁금한 점 등을 모아 봐.

4단계 오늘의 미션 수행하기

주어진 미션에 따라
세상에 단 하나뿐인
나만의 독서 감상문을
작성해 봐.

5단계 미션 번호 색칠하기

'차곡차곡 다 읽었어요!' 페이지(14쪽)를 펼쳐.
오늘의 미션 번호에 예쁜 색깔을 칠해 줘.
이렇게 하나씩 칠해서
멋진 그림을 완성할 거야.

오늘의 독서 기록 미션, 완료!

평생 잊지 못할 소중한
나만의 독서 감상문이 추가되었습니다!

차곡차곡 다 읽었어요!

순한맛 미션 25개, 매운맛 미션 25개를 하는 동안

무려 50권이라는 엄청난 분량의 책을 읽게 될 거야.

미션을 끝낼 때마다 번호에 예쁜 색을 칠해서

멋진 그림을 완성해 줄래?

책 읽고 이렇게 써 봐!

책 제목	세금 내는 아이들
지은이	옥효진
언제 읽었어?	2021년 12월 1일 ~ 2021년 12월 7일
책의 별점은?	★★★★☆
책 속 한 문장	아, 돈 관리도 티볼만큼 잘했으면 좋겠는데.
한 줄 느낌	나도 이제 내 용돈과 세뱃돈을 제대로 관리해야겠다는 결심을 했고, 우리 반도 돈 벌고 세금 내는 활동을 해봤으면 좋겠다.
오늘의 미션	책에 나온 단어 중 새롭거나 어려운 단어를 골라 독서 단어장을 만들어 보자. 책을 읽었는데 단어 실력도 급상승하는 효과까지 얻을 수 있어!

나만의 독서 단어장

	단어	사전에서 찾아낸 단어의 뜻
1	전력	전류가 단위 시간에 하는 일. 또는 단위 시간에 사용되는 에너지의 양.
2	금리	빌려준 돈이나 예금 따위에 붙는 이자. 또는 그 비율.
3	투자	이익을 얻기 위하여 어떤 일이나 사업에 자본을 대거나 시간이나 정성을 쏟음.
4	예금	일정한 계약에 의하여 은행이나 우체국 따위에 돈을 맡기는 일. 또는 그 돈.
5	환율	자기 나라 돈과 다른 나라 돈의 교환 비율.
6	고용 보험	감원 등으로 직장을 잃은 실업자에게 실업 보험금을 주고, 직업 훈련 등을 위한 장려금을 기업에 지원하는 제도.
7	도매점	물건을 묶음으로 파는 가게.
8	체념	풀지 못하고 오랫동안 쌓인 생각.
9	수익률	자본에 대한 수익의 비율.
10	자산	개인이나 법인이 소유하고 있는 경제적 가치가 있는 유형·무형의 재산.

책 제목	
지은이	
언제 읽었어?	년 월 일 ~ 년 월 일
책의 별점은?	☆ ☆ ☆ ☆ ☆
책 속 한 문장	
한 줄 느낌	

오늘의 미션

책에 나온 단어 중 새롭거나 어려운 단어를 골라 독서 단어장을 만들어 보자. 책을 읽었는데 단어 실력도 급상승하는 효과까지 얻을 수 있어!

나만의 독서 단어장

	단어	사전에서 찾아낸 단어의 뜻
1		
2		
3		
4		
5		
6		
7		
8		
9		
10		

책 제목	
지은이	
언제 읽었어?	년 월 일 ~ 년 월 일
책의 별점은?	☆ ☆ ☆ ☆ ☆
책 속 한 문장	
한 줄 느낌	

오늘의 미션

책에는 어떤 단어들이 나오는지 찾아 볼래? 단어의 뜻을 알고, 단어를 활용한 문장 만들기를 할 거야. 책에 나온 단어로 만드는 나만의 재미있는 짧은 글짓기, 시작!

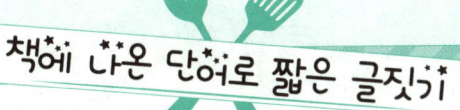

책에 나온 단어로 짧은 글짓기

	단어	짧은 글짓기
1		
2		
3		
4		
5		
6		
7		
8		
9		
10		

책 제목	
지은이	
언제 읽었어?	년 월 일 ~ 년 월 일
책의 별점은?	☆ ☆ ☆ ☆ ☆
책 속 한 문장	
한 줄 느낌	

오늘의 미션

나는 오늘 독서 퀴즈 출제 위원이야. 오늘 읽은 책의 내용 중에서 기억에 남는 내용으로 문제와 정답지를 만들어 볼까?

내가 만든 독서 퀴즈

1.
2.
3.
4.
5.
6.
7.
8.

쉿, 정답을 공개합니다!

1.
2.
3.
4.
5.
6.
7.
8.

책 제목	
지은이	
언제 읽었어?	년 월 일 ~ 년 월 일
책의 별점은?	☆ ☆ ☆ ☆ ☆
책 속 한 문장	
한 줄 느낌	

오늘의 미션 책에서 일어난 사건 중 하나를 골라, 육하원칙에 따라 정리해 볼까? 복잡했던 사건이 한 눈에 딱 들어올 거야.

사건 하나를 골라 떠오르는 대로 막 설명하기

사건 하나를 골라 육하원칙에 따라 설명하기

누가	
언제	
어디서	
무엇을	
어떻게	
왜	

책 제목	
지은이	
언제 읽었어?	년 월 일 ~ 년 월 일
책의 별점은?	☆ ☆ ☆ ☆ ☆
책 속 한 문장	
한 줄 느낌	

오늘의 미션

책에서 가장 중요한 주인공! 주인공에 관해 샅샅이 파헤치고 분석하면서 주인공이 어떤 인물인지 알아 볼까? 책을 아무리 찾아봐도 알 수 없는 항목은 안 써도 돼!

그 사람을 알고 싶다, 주인공 편

이름	
나이	
성격	
취미	
생김새	
직업	
말투	
식성	
국적	
가족	
특기	

책 제목	
지은이	
언제 읽었어?	년 월 일 ~ 년 월 일
책의 별점은?	☆☆☆☆☆
책 속 한 문장	
한 줄 느낌	

오늘의 미션

책에는 어떤 등장인물들이 나오니? 그 등장인물들은 어떤 장면에서 어떤 모습으로 나타나 어떤 행동을 하고 어떤 말을 하고 있어? 등장인물 중 한 인물을 골라 정리해 볼까?

그 사람을 알고 싶다, 등장인물 편

이름	
주인공과의 관계	
나이	
성격	
취미	
생김새	
직업	
말투	
식성	
국적	
가족	
특기	

책 제목	
지은이	
언제 읽었어?	년 월 일 ~ 년 월 일
책의 별점은?	☆ ☆ ☆ ☆ ☆
책 속 한 문장	
한 줄 느낌	

오늘의 미션

책을 읽으면서 네가 새롭게 알게 된 것들이 있지? 새롭게 알게 된 건 매우 많겠지만, 그중 가장 기억에 남는 세 가지 사실을 골라 정리해 볼까?

책을 읽고 새롭게 알게 된 사실

1.

2.

3.

책 제목	
지은이	
언제 읽었어?	년 월 일 ~ 년 월 일
책의 별점은?	☆ ☆ ☆ ☆ ☆
책 속 한 문장	
한 줄 느낌	

오늘의 미션

책을 읽다 보면 내가 주인공과 닮았다고 느낄 때도 있고, 매우 다르다고 느낄 때도 있을 거야. 나와 주인공의 닮은 점과 다른 점을 각각 5개씩 찾아 볼까? 찾고 나니 어때? 우리는 서로 닮았을까? 많이 다를까?

나와 주인공의 닮은 점

1	
2	
3	
4	
5	

나와 주인공의 다른 점

1	
2	
3	
4	
5	

나와 주인공은 닮았다? 다르다? 나의 결론은?

책 제목	
지은이	
언제 읽었어?	년 월 일 ~ 년 월 일
책의 별점은?	☆ ☆ ☆ ☆ ☆
책 속 한 문장	
한 줄 느낌	

오늘의 미션

나는 주인공에게 궁금한 게 정말 많아! 책에서 왜 그런 말을 했는지, 그 행동을 했을 때는 어떤 느낌이었는지를 인터뷰해 볼 거야. 어떤 질문을 해야 주인공의 생각과 느낌을 알아낼 수 있을까? 주인공에게 질문할 내용을 작성해 보자.

주인공 인터뷰 질문지

질문 1	
질문 2	
질문 3	
질문 4	
질문 5	
질문 6	
질문 7	
질문 8	
질문 9	
질문 10	

책 제목	
지은이	
언제 읽었어?	년 월 일 ~ 년 월 일
책의 별점은?	☆ ☆ ☆ ☆ ☆
책 속 한 문장	
한 줄 느낌	

쉬어가는 코너

책에 등장하는 주인공과 등장인물의 이름 중 내 마음에 드는 이름을 골라 삼행시를 지어 보자!

책 속 인물의 이름으로 삼행시 짓기

1 이름

2 이름

3 이름

4 이름

책 제목	
지은이	
언제 읽었어?	년 월 일 ~ 년 월 일
책의 별점은?	☆ ☆ ☆ ☆ ☆
책 속 한 문장	
한 줄 느낌	

오늘의 미션

책에 등장하는 인물 중 착하고 멋진 사람은 누구라고 생각해? 그 인물의 어떤 행동과 말에서 그런 생각을 하게 되었니? 책에서 멋지다고 생각하는 사람을 세 명 고르고, 그렇게 생각한 이유를 적어 봐!

멋진 사람

	이름	
1		어떤 점이 멋져 보이니?

	이름	
2		어떤 점이 멋져 보이니?

	이름	
3		어떤 점이 멋져 보이니?

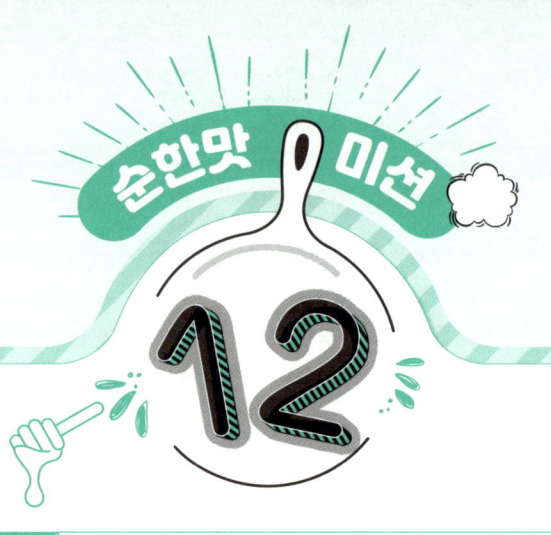

책 제목	
지은이	
언제 읽었어?	년　월　일 ~ 　년　월　일
책의 별점은?	☆ ☆ ☆ ☆ ☆
책 속 한 문장	
한 줄 느낌	

오늘의 미션

책에 등장하는 인물 중 나쁜 사람은 누구라고 생각해? 그 인물의 어떤 행동과 말에서 그런 생각을 하게 되었니? 책에서 나쁘다고 생각하는 사람을 세 명 고르고, 그렇게 생각한 이유를 적어 봐!

나쁜 사람

	이름	
1		어떤 점이 나빠 보이니?

	이름	
2		어떤 점이 나빠 보이니?

	이름	
3		어떤 점이 나빠 보이니?

책 제목	
지은이	
언제 읽었어?	년 월 일 ~ 년 월 일
책의 별점은?	☆ ☆ ☆ ☆ ☆
책 속 한 문장	
한 줄 느낌	

오늘의 미션

책에 등장하는 인물 중 누구를 가장 좋아하니? 좋아하는 이유는 뭐야? 네가 그 인물을 좋아하게 만든 행동, 대사, 외모, 성격을 정리해 볼까?

가장 좋아하는 등장인물

이름	
주인공과의 관계	
좋아하는 이유	
성격	
취미	
생김새	
직업	
말투	
식성	
국적	
가족 관계	
특기	

책 제목	
지은이	
언제 읽었어?	년 월 일 ~ 년 월 일
책의 별점은?	☆ ☆ ☆ ☆ ☆
책 속 한 문장	
한 줄 느낌	

오늘의 미션

책에 등장하는 인물 중 누구를 가장 싫어하니? 싫어하는 이유는 뭐니? 네가 그 인물을 싫어하게 만든 행동, 대사, 외모, 성격을 정리해 볼까?

가장 싫어하는 등장인물

이름	
주인공과의 관계	
싫어하는 이유	
성격	
취미	
생김새	
직업	
말투	
식성	
국적	
가족 관계	
특기	

책 제목	
지은이	
언제 읽었어?	년 월 일 ~ 년 월 일
책의 별점은?	☆ ☆ ☆ ☆ ☆
책 속 한 문장	
한 줄 느낌	

오늘의 미션

책에 등장하는 장면 중 내 마음에 쏙 드는 통쾌하고, 재미있고, 감동적인 최고의 장면은 뭐니? 왜 그 장면을 최고라고 생각해? 최고의 장면 베스트 3을 골라 보자!

최고의 장면 베스트 3

어떤 장면	
1위로 선정한 이유	

어떤 장면	
2위로 선정한 이유	

어떤 장면	
3위로 선정한 이유	

순한맛 미션 16

책 제목	
지은이	
언제 읽었어?	년 월 일 ~ 년 월 일
책의 별점은?	☆ ☆ ☆ ☆ ☆
책 속 한 문장	
한 줄 느낌	

오늘의 미션

책에 등장하는 장면 중 가장 마음에 들지 않는 엉망이고, 기분 나쁜 장면은 뭐니? 왜 그 장면을 가장 싫어하니? 최악의 장면 워스트 3을 골라 보자!

최악의 장면 워스트 3

어떤 장면	
1위로 선정한 이유	

어떤 장면	
2위로 선정한 이유	

어떤 장면	
3위로 선정한 이유	

책 제목	
지은이	
언제 읽었어?	년 월 일 ~ 년 월 일
책의 별점은?	☆ ☆ ☆ ☆ ☆
책 속 한 문장	
한 줄 느낌	

오늘의 미션 내가 읽은 책을 친구에게 추천하는 글을 써 보자. 그냥 쓰면 어려우니까, 이 책을 추천하는 세 가지 이유를 정리해 보는 건 어떨까?

추천 이유 1	
추천 이유 2	
추천 이유 3	

책 제목	
지은이	
언제 읽었어?	년 월 일 ~ 년 월 일
책의 별점은?	☆☆☆☆☆
책 속 한 문장	
한 줄 느낌	

오늘의 미션

등장인물 중 셋을 골라 별명을 붙여 보자. 별명을 붙일 때는 그 인물과 잘 어울릴수록 찰떡같이 어울리게 되지. 한 가지 조심할 점! 별명의 주인이 기분 나빠할 수도 있는 별명은 참아 주기!

등장인물에게 별명 붙이기

1	이름	
	별명	
	이유	

2	이름	
	별명	
	이유	

3	이름	
	별명	
	이유	

책 제목	
지은이	
언제 읽었어?	년 월 일 ~ 년 월 일
책의 별점은?	☆ ☆ ☆ ☆ ☆
책 속 한 문장	
한 줄 느낌	

오늘의 미션

책을 읽다 보면 '내가 만약 주인공이라면 그곳에 가지 않았을 텐데, 그 말을 하지 않았을 텐데' 하는 생각이 들 때가 있어. 그 생각들을 정리해 볼까?

내가 주인공이라면 말이야!

1	이 행동을	
	이렇게	
	왜냐하면	

2	이 행동을	
	이렇게	
	왜냐하면	

3	이 행동을	
	이렇게	
	왜냐하면	

책 제목	
지은이	
언제 읽었어?	년 월 일 ~ 년 월 일
책의 별점은?	☆ ☆ ☆ ☆ ☆
책 속 한 문장	
한 줄 느낌	

쉬어가는 코너

책에서 네가 가장 좋아하는 장면을 골라 네 칸짜리 만화로 표현해 봐! 책을 읽지 않은 친구도 재미있게 이해할 수 있도록 말이야.

책 내용으로 네 칸 만화 그리기

순한맛 미션 21

책 제목	
지은이	
언제 읽었어?	년 월 일 ~ 년 월 일
책의 별점은?	☆ ☆ ☆ ☆ ☆
책 속 한 문장	
한 줄 느낌	

오늘의 미션

책의 주인공이나 등장인물들과 친구가 된다면 어떤 재미있는 일이 일어나게 될까? 등장인물 세 명을 고르고, 그들과 친구가 되었을 때 생길 일을 상상해 봐!

친구가 된다면

| 1 | 누구랑 | |
| | 친구가 된다면 | |

| 2 | 누구랑 | |
| | 친구가 된다면 | |

| 3 | 누구랑 | |
| | 친구가 된다면 | |

책 제목	
지은이	
언제 읽었어?	년 월 일 ~ 년 월 일
책의 별점은?	☆ ☆ ☆ ☆ ☆
책 속 한 문장	
한 줄 느낌	

오늘의 미션

오늘은 책 제목을 내 마음대로 바꾸어 보자. 여러 가지 제목을 떠올려 보고 왜 그렇게 생각했는지 적어 볼까?

내가 지은 책 제목

1	책 제목	
	이유	

2	책 제목	
	이유	

3	책 제목	
	이유	

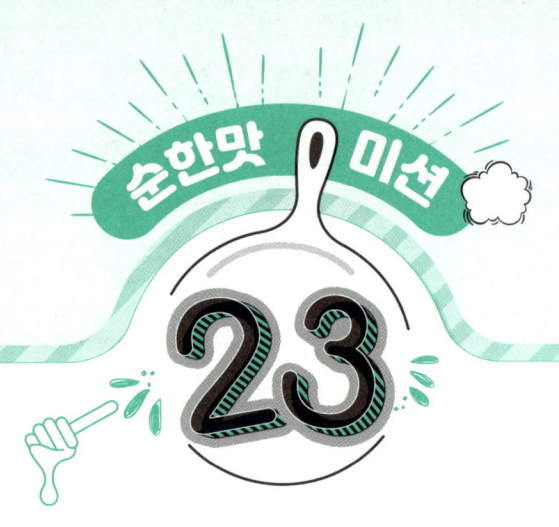

순한맛 미션 23

책 제목	
지은이	
언제 읽었어?	년 월 일 ~ 년 월 일
책의 별점은?	☆ ☆ ☆ ☆ ☆
책 속 한 문장	
한 줄 느낌	

오늘의 미션

어, 이 책? 어디서 본 것 같은 느낌은 뭐지? 어떤 책들은 서로 비슷한 것 같은 느낌을 주기도 해. 오늘 읽은 책과 비슷한 점이 있는 다른 책을 찾아 볼까? 서로 어떤 점이 닮았고, 어떤 점이 다른지 적어 봐!

1	책 제목	
	이유	
2	책 제목	
	이유	
3	책 제목	
	이유	

책 제목	
지은이	
언제 읽었어?	년 월 일 ~ 년 월 일
책의 별점은?	☆☆☆☆☆
책 속 한 문장	
한 줄 느낌	

오늘의 미션

혹시 주인공에게 꼭 해 주고 싶은 말이 있니? 궁금한 점은? 오늘은 주인공에게 편지를 써 보자. 주인공에게 하고 싶었던 말을 모두 담아서!

주인공에게 보내는 편지

에게

책 제목

지은이

언제 읽었어?   　년　월　일 ~ 　년　월　일

책의 별점은?   ☆ ☆ ☆ ☆ ☆

책 속 한 문장

한 줄 느낌

쉬어가는 코너

주인공 말고 등장인물의 이름으로 삼행시를 지어 보자. 또 책에 나온 장소의 이름으로 삼행시를 지어도 좋아.

등장인물과 장소 이름으로 삼행시 짓기

1 이름

2 이름

3 이름

4 이름

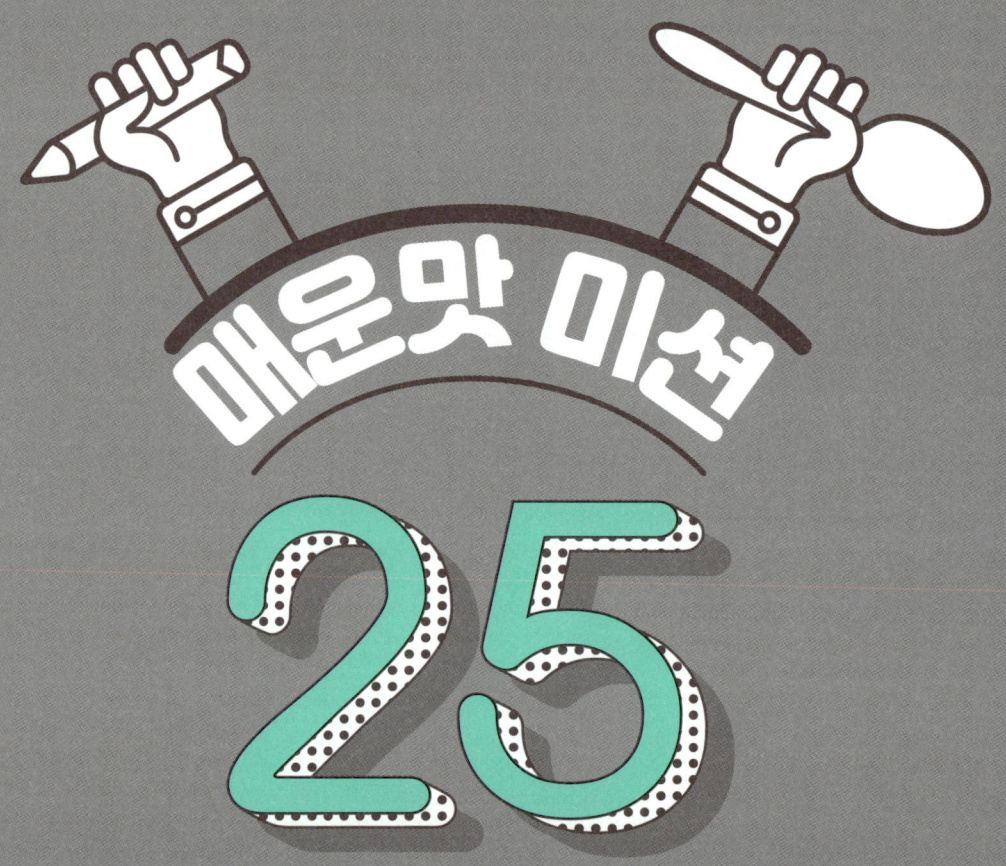

매운맛은 왜 매울까?

매운맛의 미션은 좀 매울 거야.
매운 이유가 있어.
매운맛 미션은
내가 주인공이라면 어떻게 했을 것 같은지,
책의 어떤 부분이 어떻게 달라졌으면
좋겠다고 생각하는지 등
나만의 생각을 쓰는 작업이니까.
어려운 만큼 재미도 두 배!
그럼, 매운맛 미션에 도전해 볼까?

매운맛 미션 01

책 제목	
지은이	
언제 읽었어?	년 월 일 ~ 년 월 일
책의 별점은?	☆ ☆ ☆ ☆ ☆
책 속 한 문장	
한 줄 느낌	

오늘의 미션

가끔은 편지로도 내 마음을 전달하기 부족한 느낌이 들 때가 있어. 그럴 때는 주인공을 응원하는 마음으로 선물을 보내 보자. 주인공에게 어떤 선물을 주면 좋아할까? 주인공에게 줄 선물을 고르고, 왜 그 선물을 골랐는지 적어 봐!

주인공에게 선물을 보내자

주인공 이름	
선물	
주인공에게 쓰는 메시지	
선물을 보내고 싶은 이유	

매운맛 미션 02

책 제목	
지은이	
언제 읽었어?	년 월 일 ~ 년 월 일
책의 별점은?	☆ ☆ ☆ ☆ ☆
책 속 한 문장	
한 줄 느낌	

오늘의 미션

주인공에게만 선물을 보내면 다른 등장인물들이 서운해할 거야. 주인공을 제외한 등장인물 중 두 명을 고르고, 각 인물에게 딱 어울릴 만한 선물을 찾아 볼까? 그리고 왜 그 선물을 골랐는지도 알려 줘!

등장인물에게 선물을 보내자

1	등장인물 이름	
	선물	
	등장인물에게 쓰는 짧은 메시지	
	선물을 보내고 싶은 이유	
2	등장인물 이름	
	선물	
	등장인물에게 쓰는 짧은 메시지	
	선물을 보내고 싶은 이유	

매운맛 미션 03

책 제목	
지은이	
언제 읽었어?	년 월 일 ~ 년 월 일
책의 별점은?	☆ ☆ ☆ ☆ ☆
책 속 한 문장	
한 줄 느낌	

오늘의 미션

책 속에 있는 정말 많은 문장 중에 내가 생각하는 최고의 문장이 있을 거야. 책 속 황금 문장을 세 개 고르고, 왜 그 문장을 골랐는지 알려 줄래?

책 속 황금 문장을 찾아라

1	문장	
	선택한 이유	
2	문장	
	선택한 이유	
3	문장	
	선택한 이유	

매운맛 미션 04

책 제목	
지은이	
언제 읽었어?	년 월 일 ~ 년 월 일
책의 별점은?	☆ ☆ ☆ ☆ ☆
책 속 한 문장	
한 줄 느낌	

오늘의 미션

책의 주인공과 등장인물이 했던 많은 대사 중 내 마음에 콕 박힌 황금 대사를 찾아봐. 그리고 왜 그렇게 생각하는지도 적어 봐!

책 속 황금 대사를 찾아라

1	대사	
	선택한 이유	
2	대사	
	선택한 이유	
3	대사	
	선택한 이유	

매운맛 미션 05

책 제목	
지은이	
언제 읽었어?	년 월 일 ~ 년 월 일
책의 별점은?	☆ ☆ ☆ ☆ ☆
책 속 한 문장	
한 줄 느낌	

오늘의 미션

책의 내용이 꼭 작가가 쓴 대로만 진행될 필요는 없잖아? 책에 등장하는 장면 중 세 가지를 골라서 내 마음대로 바꾸어 볼까?

책 속 장면 내 마음대로 바꾸기

1	장면	
	어떻게 바꿀 거야?	
2	장면	
	어떻게 바꿀 거야?	
3	장면	
	어떻게 바꿀 거야?	

매운맛 미션 06

책 제목	
지은이	
언제 읽었어?	년 월 일 ~ 년 월 일
책의 별점은?	☆ ☆ ☆ ☆ ☆
책 속 한 문장	
한 줄 느낌	

오늘의 미션

너는 책을 읽고 나서 어떤 생각을 했니? 책을 읽고 나서 새롭게 마음 먹은 게 있다면 무엇인지 알려 줄래?

이 책을 읽고 난 나의 결심

1	나의 결심	
	이런 결심을 하게 된 이유	
2	나의 결심	
	이런 결심을 하게 된 이유	
3	나의 결심	
	이런 결심을 하게 된 이유	

매운맛 미션 07

책 제목	
지은이	
언제 읽었어?	년 월 일 ~ 년 월 일
책의 별점은?	☆ ☆ ☆ ☆ ☆
책 속 한 문장	
한 줄 느낌	

오늘의 미션

등장인물 중 마음에 드는 인물 세 명을 골라 봐. 그리고 그 등장인물에게 일어난 굵직굵직한 사건들을 육하원칙에 따라 신문 기사로 작성해 봐!

등장인물로 신문 기사 작성하기

1	이름	
	관련 기사	
2	이름	
	관련 기사	
3	이름	
	관련 기사	

매운맛 미션 08

책 제목	
지은이	
언제 읽었어?	년 월 일 ~ 년 월 일
책의 별점은?	☆ ☆ ☆ ☆ ☆
책 속 한 문장	
한 줄 느낌	

오늘의 미션

책의 이야기가 꼭 작가가 쓴 대로만 끝나야 하는 건 아니잖아? 이번에는 책의 결말을 새롭게 바꾸어 볼 거야. 세 가지 다른 버전으로 바꾸어 볼까?

책의 결말 바꾸기

1	결말	
	이렇게 바꾼 이유	
2	결말	
	이렇게 바꾼 이유	
3	결말	
	이렇게 바꾼 이유	

책 제목	
지은이	
언제 읽었어?	년 월 일 ~ 년 월 일
책의 별점은?	☆ ☆ ☆ ☆ ☆
책 속 한 문장	
한 줄 느낌	

오늘의 미션

너에게는 다양한 취미가 있을거야. 그렇다면 책의 주인공과 등장인물들은 어떨까? 어떤 취미가 어울릴지 고민해 볼래? 주인공과 등장인물 중 세 명을 고른 뒤 어울릴 만한 취미를 찾아봐. 그리고 왜 그렇게 생각하는지 적어 봐!

주인공, 등장인물과 어울리는 취미 찾기

1	이름	
	취미	
	이 취미를 추천하는 이유	
2	이름	
	취미	
	이 취미를 추천하는 이유	
3	이름	
	취미	
	이 취미를 추천하는 이유	

매운맛 미션 10

책 제목	
지은이	
언제 읽었어?	년 월 일 ~ 년 월 일
책의 별점은?	☆ ☆ ☆ ☆ ☆
책 속 한 문장	
한 줄 느낌	

쉬어가는 코너

언젠가는 너도 너의 책을 쓰게 되겠지? 그때를 위해 네 인생 첫 책을 기획해 봐!

내 인생 첫 책

책 제목	
대상 독자	
주제	
분야	
출간 예정일	
출간 목적	
주요 내용	

책 제목	
지은이	
언제 읽었어?	년 월 일 ~ 년 월 일
책의 별점은?	☆ ☆ ☆ ☆ ☆
책 속 한 문장	
한 줄 느낌	

오늘의 미션

가끔은 편지로도 내 마음을 전달하기 부족한 느낌이 들 때가 있어. 그럴 때는 주인공을 응원하는 마음으로 선물을 보내 보자. 주인공에게 어떤 선물을 주면 좋아할까? 주인공에게 줄 선물을 고르고, 왜 그 선물을 골랐는지 적어 봐!

주인공에게 선물을 보내자

주인공 이름	
선물	
주인공에게 쓰는 메시지	
선물을 보내고 싶은 이유	

매운맛 미션 12

책 제목	
지은이	
언제 읽었어?	년 월 일 ~ 년 월 일
책의 별점은?	☆ ☆ ☆ ☆ ☆
책 속 한 문장	
한 줄 느낌	

오늘의 미션

주인공에게만 선물을 보내면 다른 등장인물들이 서운해할 거야. 주인공을 제외한 등장인물 중 두 명을 고르고, 각 인물에게 딱 어울릴 만한 선물을 찾아 볼까? 그리고 왜 그 선물을 골랐는지도 알려 줘!

등장인물에게 선물을 보내자

1	등장인물 이름	
	선물	
	등장인물에게 쓰는 짧은 메시지	
	선물을 보내고 싶은 이유	
2	등장인물 이름	
	선물	
	등장인물에게 쓰는 짧은 메시지	
	선물을 보내고 싶은 이유	

매운맛 미션 13

책 제목	
지은이	
언제 읽었어?	년 월 일 ~ 년 월 일
책의 별점은?	☆ ☆ ☆ ☆ ☆
책 속 한 문장	
한 줄 느낌	

오늘의 미션

책 속에 있는 많은 문장 중에 내가 생각하는 최고의 문장이 있을 거야. 책 속 황금 문장을 세 개 고르고, 왜 그 문장을 골랐는지 알려 줄래?

책 속 황금 문장을 찾아라

1	문장	
	선택한 이유	
2	문장	
	선택한 이유	
3	문장	
	선택한 이유	

매운맛 미션 14

책 제목	
지은이	
언제 읽었어?	년 월 일 ~ 년 월 일
책의 별점은?	☆ ☆ ☆ ☆ ☆
책 속 한 문장	
한 줄 느낌	

오늘의 미션: 책의 주인공과 등장인물이 했던 많은 대사 중 내 마음에 콕 박힌 황금 대사를 찾아봐. 그리고 왜 그렇게 생각하는지도 적어 봐!

책 속 황금 대사를 찾아라

1	대사	
	선택한 이유	
2	대사	
	선택한 이유	
3	대사	
	선택한 이유	

매운맛 미션 15

책 제목	
지은이	
언제 읽었어?	년　　월　　일 ~ 　　년　　월　　일
책의 별점은?	☆ ☆ ☆ ☆ ☆
책 속 한 문장	
한 줄 느낌	

오늘의 미션

책의 내용이 꼭 작가가 쓴 대로만 진행될 필요는 없잖아? 책에 등장하는 장면 중 세 가지를 골라서 내 마음대로 바꾸어 볼까?

책 속 장면 내 마음대로 바꾸기

1	장면	
	어떻게 바꿀 거야?	
2	장면	
	어떻게 바꿀 거야?	
3	장면	
	어떻게 바꿀 거야?	

매운맛 미션 16

책 제목	
지은이	
언제 읽었어?	년 월 일 ~ 년 월 일
책의 별점은?	☆ ☆ ☆ ☆ ☆
책 속 한 문장	
한 줄 느낌	

오늘의 미션

너는 책을 읽고 나서 어떤 생각을 했니? 책을 읽고 나서 새롭게 마음 먹은 게 있다면 무엇인지 알려 줄래?

이 책을 읽고 난 나의 결심

1	나의 결심	
	이런 결심을 하게 된 이유	
2	나의 결심	
	이런 결심을 하게 된 이유	
3	나의 결심	
	이런 결심을 하게 된 이유	

매운맛 미션 17

책 제목	
지은이	
언제 읽었어?	년 월 일 ~ 년 월 일
책의 별점은?	☆ ☆ ☆ ☆ ☆
책 속 한 문장	
한 줄 느낌	

오늘의 미션

등장인물 중 마음에 드는 인물 세 명을 골라 봐. 그리고 그 등장인물에게 일어난 굵직굵직한 사건들을 육하원칙에 따라 신문 기사로 작성해 봐.

등장인물로 신문 기사 작성하기

	이름	
1	관련 기사	
	이름	
2	관련 기사	
	이름	
3	관련 기사	

매운맛 미션 18

책 제목	
지은이	
언제 읽었어?	년 월 일 ~ 년 월 일
책의 별점은?	☆ ☆ ☆ ☆ ☆
책 속 한 문장	
한 줄 느낌	

오늘의 미션

책의 이야기가 꼭 작가가 쓴 대로만 끝나야 하는 건 아니잖아? 이번에는 책의 결말을 새롭게 바꾸어 볼 거야. 세 가지 다른 버전으로 바꾸어 볼까?

책의 결말 바꾸기

1	결말	
	이렇게 바꾼 이유	
2	결말	
	이렇게 바꾼 이유	
3	결말	
	이렇게 바꾼 이유	

매운맛 미션 19

책 제목	
지은이	
언제 읽었어?	년 월 일 ~ 년 월 일
책의 별점은?	☆ ☆ ☆ ☆ ☆
책 속 한 문장	
한 줄 느낌	

오늘의 미션

너에게는 다양한 취미가 있을 거야. 그렇다면 책의 주인공과 등장인물은 어떨까? 그들에게 어떤 취미가 어울릴지 고민해 볼래? 주인공과 등장인물 중 세 명을 고른 뒤 어울릴 만한 취미를 찾아봐. 그리고 왜 그렇게 생각하는지 적어 봐!

주인공, 등장인물과 어울리는 취미 찾기

1	이름	
	취미	
	이 취미를 추천하는 이유	
2	이름	
	취미	
	이 취미를 추천하는 이유	
3	이름	
	취미	
	이 취미를 추천하는 이유	

매운맛 미션 20

책 제목	
지은이	
언제 읽었어?	년 월 일 ~ 년 월 일
책의 별점은?	☆ ☆ ☆ ☆ ☆
책 속 한 문장	
한 줄 느낌	

쉬어가는 코너

언젠가는 너도 너의 책을 쓰게 되겠지? 그때를 위해 네 인생 첫 책을 기획해 봐!

내 인생 첫 책

책 제목	
대상 독자	
주제	
분야	
출간 예정일	
출간 목적	
주요 내용	

책 제목	
지은이	
언제 읽었어?	년 월 일 ~ 년 월 일
책의 별점은?	☆☆☆☆☆
책 속 한 문장	
한 줄 느낌	

 가끔은 편지로도 내 마음을 전달하기 부족한 느낌이 들 때가 있어. 그럴 때는 주인공을 응원하는 마음으로 선물을 보내 보자. 주인공에게 어떤 선물을 주면 좋아할까? 주인공에게 줄 선물을 고르고, 왜 그 선물을 골랐는지 적어 봐!

주인공에게 선물을 보내자

주인공 이름	
선물	
주인공에게 쓰는 메시지	
선물을 보내고 싶은 이유	

매운맛 미션 22

책 제목	
지은이	
언제 읽었어?	년 월 일 ~ 년 월 일
책의 별점은?	☆ ☆ ☆ ☆ ☆
책 속 한 문장	
한 줄 느낌	

오늘의 미션

주인공에게만 선물을 보내면 다른 등장인물들이 서운해할 거야. 주인공을 제외한 등장인물 중 두 명을 고르고, 각 인물에게 딱 어울릴 만한 선물을 찾아 볼까? 그리고 왜 그 선물을 골랐는지도 알려 줘!

등장인물에게 선물을 보내자

1	등장인물 이름	
	선물	
	등장인물에게 쓰는 짧은 메시지	
	선물을 보내고 싶은 이유	
2	등장인물 이름	
	선물	
	등장인물에게 쓰는 짧은 메시지	
	선물을 보내고 싶은 이유	

매운맛 미션 23

책 제목	
지은이	
언제 읽었어?	년 월 일 ~ 년 월 일
책의 별점은?	☆☆☆☆☆
책 속 한 문장	
한 줄 느낌	

오늘의 미션

책 속에 있는 많은 문장 중에 내가 생각하는 최고의 문장이 있을 거야. 책 속 황금 문장을 세 개 고르고, 왜 그 문장을 골랐는지 알려 줄래?

책 속 황금 문장을 찾아라

1	문장	
	선택한 이유	
2	문장	
	선택한 이유	
3	문장	
	선택한 이유	

매운맛 미션 24

책 제목	
지은이	
언제 읽었어?	년 월 일 ~ 년 월 일
책의 별점은?	☆ ☆ ☆ ☆ ☆
책 속 한 문장	
한 줄 느낌	

오늘의 미션

책의 주인공과 등장인물이 했던 많은 대사 중 내 마음에 콕 박힌 황금 대사를 찾아봐. 그리고 왜 그렇게 생각하는지도 적어 봐!

책 속 황금 대사를 찾아라

1	대사	
	선택한 이유	
2	대사	
	선택한 이유	
3	대사	
	선택한 이유	

책 제목	
지은이	
언제 읽었어?	년 월 일 ~ 년 월 일
책의 별점은?	☆ ☆ ☆ ☆ ☆
책 속 한 문장	
한 줄 느낌	

오늘의 미션

이 책의 작가는 어떤 생각으로 이 책을 썼을까? 이번에는 책을 쓴 작가를 인터뷰해 보자. 작가의 생각을 알 수 있는 멋진 질문들로 인터뷰 질문 목록을 만들어 볼까?

작가 인터뷰하기

질문 1	
질문 2	
질문 3	
질문 4	
질문 5	
질문 6	
질문 7	
질문 8	
질문 9	

나만의 추천 도서목록 만들기

매운맛 미션까지 다 끝낸 친구들, 칭찬해! 그동안 읽은 책 50권 중에 친구에게 추천하고 싶은 책들이 있을 거야. 추천하고 싶은 책들 중에서 한 권만 골라 봐. 그리고 책을 간략하게 소개해 봐. 아래 예시처럼 쓰면 돼!

책 제목	해방자 신데렐라
주제 구분	문학
지은이는 누구지?	리베카 솔닛 글, 아서 래컴 그림
책 소개	동화 '신데렐라'는 우리에게 친숙한 이야기다. 주인공 신데렐라가 부모님을 잃고, 계모와 언니들에게 구박을 받다가 왕자와 만나 행복하게 결혼한다는 이야기다. 이 책은 우리가 알고 있던 신데렐라와는 많이 다르다. 신데렐라는 어릴 때부터 힘든 일을 겪긴 했지만, 자신이 하고 싶은 일도 적극적으로 찾는다. 왕자와의 결혼이 목표가 아니다. 또 다른 사람들이 자유롭게 살 수 있도록 도와 준다. 신데렐라는 자기 인생의 주인공이 자기 자신이고, 그런 삶이 어떤 삶인지 보여준다. 기존의 신데렐라 동화를 재미있게 읽었다면, 이 책을 읽으면서 어떻게 다르게 썼는지 비교하면서 읽는 것도 재미있을 것이다.

책 제목	
주제 구분	
지은이	
책 소개	

이은경쌤의 초등 글쓰기 완성 시리즈

책읽고쓰기

심화

1판 1쇄 펴냄 | 2021년 12월 10일
1판 5쇄 펴냄 | 2024년 9월 1일

지은이	이은경
발행인	김병준·고세규
편 집	박유진, 김리라
마케팅	김유정, 최은규
디자인	김용호, 권성민, 백소연
발행처	상상아카데미

등 록	2010. 3. 11. 제313-2010-77호
주 소	서울시 마포구 독막로 6길 11(합정동), 우대빌딩 2, 3층
전 화	02-6953-7790(편집), 02-6925-4188(영업)
팩 스	02-6925-4182
전자우편	main@sangsangaca.com
홈페이지	http://sangsangaca.com
ISBN	979-11-85402-50-5 (74800)

· KC마크는 이 제품이 공통안전기준에 적합하였음을 뜻합니다.
· 잘못 만들어진 책은 구입하신 서점에서 교환해 드립니다.

이은경쌤의 초등 글쓰기 완성 시리즈 활용법

도서	주제	이런 친구에게 추천해요	권장 학년
세줄쓰기	하루 세 줄로 글쓰기 시작!	• 글쓰기를 해 본 적 없어서 낯설고 어려운 친구 • 글쓰기 슬럼프에 빠져 아무것도 쓰고 싶지 않은 친구	전학년
전래동화 바꿔쓰기	전래동화 명장면을 새롭게 바꿔 쓰기	• 어떤 재미난 책을 읽어도 내용이 잘 기억나지 않는 친구 • 나만의 이야기를 쓰고 싶은데 막상 엄두가 안 나는 친구	1~3
주제 일기쓰기	질문에 답하면서 오늘 일기 완성!	• 일기 쓸 때마다 뭘 써야 할지 생각나지 않는 친구 • 부모님 도움 없이 혼자서도 일기를 써 보고 싶은 친구	3~5
표현 글쓰기	의성어, 의태어로 멋진 문장 쓰기	• 매일 비슷비슷한 문장만 쓰느라 글쓰기가 지겨워진 친구 • 글 잘 쓴다는 칭찬을 받고 우쭐해지고 싶은 친구	1~3
자유글쓰기	자유롭게 마음껏 긴 글 쓰기	• 자유롭게 마음껏 상상하는 것을 좋아하는 친구 • 한 장 꽉 채워 쓰기에 도전해 보고 싶은 친구	3~5
생각글쓰기	내 생각과 이유를 정리해서 쓰기	• 〈세줄쓰기〉, 〈자유글쓰기〉를 써 보면서 자신감이 붙은 친구 • 논술에 도전해 보고 싶지만 아직은 자신이 없는 친구	5~중1
[기본] 책읽고쓰기	읽은 내용을 짧게 정리하기	• 책 읽는 건 좋아하지만 독서록은 아직 안 써 본 친구 • 독서록을 써 봤지만 힘들어서 다시는 안 쓰고 싶은 친구	1~3
[심화] 책읽고쓰기	읽은 내용을 글로 정리하기	• 독서록 숙제를 해 봤는데, 정말 겨우겨우 써서 낸 친구 • 책을 읽고 나서 내 생각을 정리해 보고 싶은 친구	3~5
왜냐하면 글쓰기	질문에 답하면서 선택과 이유 쓰기	• '왜'라는 질문에 늘 '그냥'이라고 대답했던 친구 • 논리가 무엇인지, 논술이 무엇인지 어렵기만 한 친구	1~3
[기본] 교과서논술	주장과 까닭을 쓰며 논술 맛보기	• 〈왜냐하면 글쓰기〉, 〈생각글쓰기〉를 써 본 친구 • 논술을 써 본 적은 없지만 시도해 보고 싶은 친구	3~5
[심화] 교과서논술	진짜 논술 실력 다지기	• [기본] 〈교과서논술〉, 〈논술 쓰기〉를 써 본 친구 • 중학교 입학을 앞두고 탄탄한 논술 실력을 다지고 싶은 친구	5~중1
논술 쓰기	개요를 작성하며 주장하는 글 쓰기	• 글쓰기 경험은 많지만 논술은 써 본 적 없는 친구 • 다른 학원에 가느라 논술 학원을 다닐 시간이 없는 친구	3~5
[기본] 주제 요약하기	재미있는 글에서 주제 찾기	• [기본] 〈책읽고쓰기〉, 〈자유글쓰기〉를 써 본 친구 • 재미있게 글을 읽었는데도 요약해서 설명하기 어려운 친구	3~5
[심화] 주제 요약하기	비문학 글에서 주제 찾기	• [심화] 〈책읽고쓰기〉, 〈자유글쓰기〉를 써 본 친구 • 신문 기사를 읽고 어떤 내용인지 잘 이해가 안 가는 친구	5~중1
수행평가 글쓰기	과목별·유형별로 수행평가 대비	• [심화] 〈주제 요약하기〉, [기본] 〈교과서논술〉을 써 본 친구 • 보고서 쓰기가 어려운 친구	5~중1

* 영어도 대비하고 싶다면? 영어 한줄쓰기 ▶ 영어 세줄쓰기 ▶ 영어 일기쓰기